Fragmentos de Ilusões

Editora Appris Ltda.
1.ª Edição - Copyright© 2024 da autora
Direitos de Edição Reservados à Editora Appris Ltda.

Nenhuma parte desta obra poderá ser utilizada indevidamente, sem estar de acordo com a Lei nº 9.610/98. Se incorreções forem encontradas, serão de exclusiva responsabilidade de seus organizadores. Foi realizado o Depósito Legal na Fundação Biblioteca Nacional, de acordo com as Leis n°s 10.994, de 14/12/2004, e 12.192, de 14/01/2010.

Catalogação na Fonte
Elaborado por: Dayanne Leal Souza
Bibliotecária CRB 9/2162

D541f 2024	Dias, Vera Lúcia
	Fragmentos de ilusões / Vera Lúcia Dias. – 1. ed. – Curitiba: Appris, 2024.
	102 p. ; 21 cm.
	ISBN 978-65-250-4871-0
	1. Amor. 2. Sonhos. 3. Renovação. I. Dias, Vera Lúcia. II. Título.
	CDD – 248.

Editora e Livraria Appris Ltda.
Av. Manoel Ribas, 2265 – Mercês
Curitiba/PR – CEP: 80810-002
Tel. (41) 3156 - 4731
www.editoraappris.com.br

Printed in Brazil
Impresso no Brasil

Vera Lúcia Dias

Fragmentos de Ilusões

Curitiba, PR
2024

FICHA TÉCNICA

EDITORIAL	Augusto V. de A. Coelho
	Sara C. de Andrade Coelho
COMITÊ EDITORIAL	Marli Caetano
	Andréa Barbosa Gouveia (UFPR)
	Edmeire C. Pereira (UFPR)
	Iraneide da Silva (UFC)
	Jacques de Lima Ferreira (UP)
SUPERVISORA EDITORIAL	Renata C. Lopes
PRODUÇÃO EDITORIAL	Adrielli de Almeida
REVISÃO	Simone Ceré
DIAGRAMAÇÃO	Amélia Lopes
CAPA	Mariana Brito, Gilson Marôco
REVISÃO DE PROVA	Jibril Keddeh

No silêncio da noite
Onde a Lua se mostra tímida
Sinto, a beleza da música
Envolvendo meu ser, gritando
Toda espera de um sonho
Transformando o pranto em riso
Aos poucos a sensação de renascer
Envolve todo meu corpo
Com o som do vento e da chuva
Na beleza das árvores a balançar
Me dizendo no silêncio da noite
Desperta para o sol me tocar
Abra as janelas, a Primavera chegou Viva
Desperta, sinta pulsar o desejo de amar

(Vera Lúcia Dias)

Agradecimentos

SENHOR!

Muito Agradeço
Por mais este momento
Onde as Luzes Iluminam meu Ser Meu Ser
Meu Corpo Adormece nos Sonhos
Minha História Me Acompanha no Tempo
Onde a Fantasia, Reluz
Desperta para o Amor.
Meus Desejos São Esperança
Invadem minha Alma

Minha Alegria, Você Protege.
Me Abraça Muito Agradeço,
Por todos os Milagres
Realizados, na minha Jornada
Gratidão, Por Você Existir,
Nunca Desistir de Sua Filha

"Meus pais amados no paraíso dos imortais
Estrelas brilhantes no escuro céu da vida" (Gilson Marôco)

Gratidão ao Major Francisco José a Professora Maria Aparecida

Sou a Essência de meus pais
Sempre me lembrarei da proteção, amor, carinho, as quais nos tornaram hoje
Meus pais, a música que encantou
A arte que coloriu a vida de suas Seis Filhas, muito amadas

Regina Maria
Concertista, Pianista Compositora, Regente de Orquestra, com obras em
diversos países

Darci
Professora, escritora, com formação em Literatura em vários Idiomas
(in memoriam)

Hilda Professora
Artista Plástica, pianista

Durci Maura
Professora de Exatas, Funcionária Pública exercendo
a função de Delegada Regional (in memoriam)

Luci
Professora na formação de Filosofia, Artes Plásticas

Vera Lúcia
Formação Acadêmica em Letras, Literatura Portuguesa, Inglesa Literatura
Infantil, Musicista, Pianista, Compositora, Escritora

Palavras de Amor Eterno a vocês meus Pais, Gratidão, Gratidão

Apresentação

Esta obra apresenta uma trajetória de pessoas com algumas expectativas, a fim de alcançarem um dos seus mais íntimos objetivos, como a realização de alguns anseios e emoções, transformando seus planos em realidade.

O livro enfatiza muito a questão do pertencimento dos seus sonhos, e como chegar à realização do mesmo...

Algumas falácias que envolvem determinação, levando ao leitor sugestões de fortificar sua mente, a trabalhar a subjetividade, se abraçar com o mundo real edificando alicerces a todas as novas situações, as quais possam nos surpreender em nosso cotidiano.

Nunca é uma palavra forte, sempre seguindo o que a espiritualidade nos prepara e o Universo nos envia intuições ao nosso corpo e mente, as quais devemos acreditar. Devemos ter Fé para a realização dos nossos mais profundos desejos, sem receio de errar!

A nossa mente comanda o nosso corpo e o coração faz acontecer

Somos corpo e espírito,

Precisamos nos alimentar de determinação, perseverança, nunca desistir do que possa nos fazer felizes

Esta obra tem muito de Real e Imaginário em seus capítulos,

Espero ter acrescentado algumas ideias e prazer a vocês nesta leitura!!

Prefácio

Existe em nós uma força que a desconhecemos

Você, leitor, precisa desvendá-la, e descobrir o que ela preparou à sua jornada

No seu âmago mais secreto, vai encontrar sugestões e respostas a prosseguir de forma prazerosa e precisa, como seus desejos, criatividade e metas às sensações reais

Um dos meus objetivos nesta obra é tentar aliviar algumas tensões do leitor, numa leitura simples, carregada de otimismo, contrapondo com o pessimismo desse nosso tempo, criando na sua mente desafios para que se reencontre com sua autoestima!!

Capítulo um

Cores do prazer

Noite de Lua cheia
Deslumbrava Beleza No seu Brilho Audaciosa
Enfeitava minha Alma desejosa
De sentir e viver um só momento
Do seu olhar me encantando de alegria
Momento de um despertar eloquente
Sonhava a magia das Cores do Prazer
A mente viajava ansiosa na espera
SERIA UM SONHO, OU REALIDADE DE EMOÇÃO
A lua brilhava linda esperta
Abraços se reencontravam na melodia
Mãos se uniam de Azul e Rosa
Lábios selavam o encanto da Fantasia
Rosas vermelhas na mente de criança,
Dançavam no perfume do beijo
Mudando o rumo de uma história
No tempo de uma Espera
Ao longo de uma caminhada de ilusões
Na redescoberta das Cores do Prazer
Momento de Festa, de sentir e Acontecer,
Nada é impossível, quando se acredita, vibra e espera
A energia do Universo nos abraça envolve
Na sintonia de corpo e alma, coração,
Transformando o desejo da imaginação em realidade
Sentia desde o primeiro encontro uma força invisível...

Palavras fortes na mente e no coração impulsionavam
Seria uma fantasia criada por meus anjos
A resposta viria no sonho colorido de Emoção
Universo abraçava a espiritualidade, na luz da alegria,
Cores de Azul e Rosa se abraçavam numa intensa felicidade
As energias se encontravam após a espera de 754 dias
Nada mudaria então o curso de uma intensa história de Amor

Página da reverência

Gilson,
Será sempre uma das minhas inspirações, não só nesta obra,
que me levou ao despertar, quanto à realização de alguns sonhos estagnados,
tanto na escrita quanto na música, à família, a Deus, na sua espiritualidade
Gilson representa na minha caminhada paz, esperança, renovação à Vida

Grandeza maior não há
Intenso no sentimento
Leal no amor
Surpreendente nas atitudes
Onde, mesmo culto, é simples
Na beleza da sua alma
Produção de desenhos de Aviões
Colecionador de várias pinturas de aeronaves,
Vasto conhecimento da especialidade, combinado ao dom das Artes

Muito mais a dizer da sua capacidade,
Coração, Lealdade, Amor ao próximo, Amor em Deus

Com Carinho.

Vera Lúcia Dias

Asas do pousar

Nos passos sem compasso,
Caminhava no escuro sem pensar,
No rumo, sem direção iria tomar
Nada via, nem ousava encontrar

Nos passos sem compasso,
Alguém ia procurar um ontem a chorar
Na luz do Luar, coração batia sem parar
Desejo alguém tinha do amor reencontrar
Noite longa Asas desejavam pousar
Voavam no som da melodia do Amar,
Esperando um lugar bom para pousar,
Passos apressados onde iriam ficar
Continuavam seu caminhar, mas não iriam voltar
Desejavam encontrar a princesa a lhe esperar
Asas pousavam as estrelas, iluminavam seu pesar
A lua apressada, veio lhe encontrar
Momento de magia, então acontece
Asas adormecem de tanto procurar,
 Então o Céu iluminou, para elas despertarem
Num grande voo do reencontro, a Princesa lhe amar

Renovação de desejos

Renovação de muitos desejos,
Nos abraços de quem se ama
Momentos de quem se espera
Na certeza do Eterno caminhar
                       Na verdade são reencontros,
Não é possível essa identidade
Me levando a você, forte e atrevida,
Como se já houvesse essa ligação de emoções
                       Vivemos esses momentos fico a pensar
Em outras situações, circunstâncias, espaços
Saudades de estarmos perto,
Nos unindo, amando, nos pertencendo outra vez
                       Será imaginação, ou Realidade que sentimos,
Um reencontro de almas que se atraem,
Na velocidade, do Universo que grita,
Envolvendo nossos corações de eterno pensar
Com muito carinho,
A você... Lobo.

São Vicente, fevereiro de 2022

Troca de cadeiras

Meu lugar no Seu,
O seu no Meu,
Emoções trocadas,
Atitudes desencontradas

Somos a força condutora de emoções e atitudes sempre imediatistas, sem refletir às vezes o tamanho de um dissabor na troca de lugares

Pessoas chegam e partem, com seus objetivos, sonhos oportunidades e atitudes

Somos corpo alma e coração cada qual com seu perfil, ideais, posicionamento político religioso cultural e sexual

Essa troca de lugares, e o impacto de informações quase sempre contrárias às nossas vontades, mas lançadas a outra pessoa sem a consciência de magoar, causar mal-estar, até mesmo anular a autoestima da violência psicológica causada nas palavras e atitudes ao próximo

Numa reflexão, sobre valores, seria muito produtiva a troca de cadeiras em todas as circunstâncias (relacionamentos, trabalho, religião, política, liderança, cultural), pois a Vida é uma constância, seus ciclos são energéticos e rotativos

Um dia você está num lugar, depois em outro, muitas vezes brilhando com sua própria luz, outras estagnado sem luz própria

Amigos especiais

Meus amigos especiais...
Vocês fazem parte das minhas alegrias
São Pérolas Raras... Fantasias... Esperanças
Inteligentes, Dinâmicos, Eloquentes... Lindos

Mulheres, Homens, Fantásticos, Encantadores
Luz que nunca se apaga, aquece e brilha
Amor Imenso... Paixão
Muitas bênçãos do Anjo

Caminhadas intensas de Surpresas
Sonhos que se realizam
Paz que lhes abraça
Renovação de todas as emoções e desejos

"Cada Rosa, tem seus espinhos, mas elas têm seu perfume
Você pode não ser a estrela do Universo,
mas, você pode ser o Universo de estrelas!!!"
(Vera Lúcia Dias)

Capítulo dois

A caixa do amor

Um anjo especial, Me despertou para o agora
Mexeu com todos os sentidos
De nós seres humanos com a caixa do futuro
Sua presença, marcava todos os conteúdos de dentro dela
Uma caixa surpresa, como se um Anjo de Luz estivesse nos abraçando e dizendo:
Vocês serão unidos na Espiritualidade

A cada toque poderia sentir sua vibração
Alegria, amor, magia e desejo
A caixa incrível com gravações externas de sentimentos
Eram palavras lindíssimas transformando o mundo real
Num momento imaginário carregado de emoção e prazer

Sentia beleza em seu coração, uma alegria envolvente
A cada detalhe do conteúdo, você se manifestava
Sentia seu abraço, sua voz me dizendo:
Anjos protetores existem, somos amados por eles

Você me Encanta e Cuida de mim
Gratidão Sempre!!!

Amanhecer

Alegria no ar, romance, contos
Entardece...
Sol lindo, aparece, o céu claro, pessoas, caminham, sorriem, juntas...
Anoitece então, silenciam um pouco as ruas, o céu celebra, mais um momento de amor e beleza, na obra de Deus Nosso Pai Redentor

O amor releva, espera, aceita algumas imperfeições do parceiro, numa visão mais ampla de um relacionamento onde a somatória de valores é maior do que o defeitos, sempre Deus terá um plano para você, que seja perfeito e lhe fará feliz... a paciência é uma das virtudes que realiza lá no final da travessia dos desejos a VITÓRIA... que completa!

Anjo de amor

Um presente especial

Um amigo de amor, um presente especial
Mexeu com meus sentidos, na sua presença marcante
em todos os presentes, na caixa de surpresas...
Como se um anjo de luz nos abraçasse, e dizia
Vocês estão sendo unidos na espiritualidade
A cada toque na caixa, sentia suas vibrações
de alegria carinho, muito Amor, tudo maravilhoso
A caixa incrível... Com lindas palavras, transformava o mundo real,
num sonho imaginável de emoção e prazer
Tanta beleza existe em seu coração, alma
Um sentimento que me envolve, foi forte, em cada detalhe do conteúdo
(da caixa de fantasia), você estaria presente... me abraçando me dizendo...
O quanto me ama...

Em seguida, choramos de felicidade e
agradecemos aos Nossos Anjos Protetores,
a emoção de todos os momentos de libertação
e renovação de uma nova chance de caminhada...
O passado se torna experiência que energiza às novas atitudes
a serem inovadas a cada momento, com mais intensidade
 realizados a uma nova etapa do presente que anseia em ficar

Carta em prosa

Quero poder despertar e saber que você está aqui
Sentir suas mãos nas minhas com jeito de quero mais
Me envolver nos seus braços
Como uma criança mimada
Seu olhar então me pedindo
Carinho de paz... Paixão
No desejo de nos tocar
Sem arrependimento e nossa almas se abraçando
Num sorriso de desejo e luz!

Rosas vermelhas...
Momentos de paz... Alegria
Mistura de emoção, fantasia... Gratidão
Rosas representam renovação

Diferenças & Igualdades

Além das diferenças...
Além da consciência,
Além da sabedoria,
Além da Razão...
                      Nada e nunca Seremos Melhores,
Sem abraçarmos as diferenças
Sentirmos uma consciência calma e serena,
Fazer da Sabedoria uma porta de entrada
Levando razão para Amar...
Todas as diferenças nas pessoas,
Como a consciência de alma...
Transpondo a janela da sabedoria
                A Razão Aceitando a Voz do Coração!

Capítulo três

Eu & Você

SEMPRE SERÁ ASSIM
Se ele cuidar de você
Estará cuidando dele
Nunca desistirei de Você
Se sorrir, também sorrirei
Se chorar também chorarei
Se me amar, também te amarei
Uma nova razão para ser feliz
Encanta... Abraça
No gesto na voz, abriga meu ser
Acolhe minhas alegrias, algumas tristezas
Me transporta ao mundo maravilhoso
Me abriga... Protege, Cuida
Nunca te Esquecerei Sempre te amarei
Nas Manhãs, Tardes, Noites
de Saudades Infinitas

Você...

De infinitas surpresas, palavras que alegram
Silêncio que fala, amor que se esconde
Seus presentes são joias raras, tesouros de sonhos
    NUNCA VOU ME DESPEDIR...
       SEMPRE SEREI SEU PRESENTE

Filhos, nossos tesouros

Parte do nosso ser, tesouros de amor e devoção, Vida que brota e nasce, no corpo que alimenta e embala. Filhos, parte de nós, pedaço de bênção do Nosso Criador, Realiza, Abraça novos caminhos...

Mães e Filhos, Suprema criação que encanta, nada é mais importante e sagrado que nossos filhos de Amor e Luz..

Deus, agradeço por eles, pelo prazer da Maternidade da criação infinita no meu ser, a vocês que me deram e dão tantas alegrias e o GRANDE PRÊMIO de ser escolhida por vocês

MÃES de luz

Abrigam... bebês

Embalam... alegrias

Com bênçãos dos Anjos, Amor, Desejos, luz, a todos que tiveram a oportunidade de lerem este texto... onde o AMOR SUPREMO... Abriga, acolhe, abraça!

Fragmentos de primavera

NOSSOS DESEJOS...

São como a brisa que encanta os campos, que encanta os campos de flores....
que na Beleza das Cores, resplandecem seu perfume e envolvem os corações dos apaixonados, em forma de Alegria e Prece!
Somos parte da mesma forma onde Deus nos criou, mas não somos alma e coração da mesma intensidade entre a mesma espécie...
Preferências:
Atitudes, Palavras, Emoções constroem pessoas em mundos diferentes
Muitas vezes deixamos de nos colocar no lugar do outro pra sentir sua reação
numa única, palavra, ou atitude... que pode mudar o rumo de uma história!
Mas a intenção de um escritor é passar experiências boas, ou ruins, mais alegrias
do que tristeza, prender a atenção do leitor, para que dessa leitura fique em sua mente
algo que poderá aproveitar no seu dia a dia, vivência e até mudança de atitudes...
GRATIDÃO SEMPRE!

Fragmentos de alegria

Cada passo é somente um passo,
Cada momento é somente um momento,
Nada será em vão... Nada será esquecido
Nada será impossível...
Se na sua vida sentir Alegria no ar,
No vento, no sol, dia e noite, Na Natureza....
Que mesmo em dias de tempestade...
Transforma férteis Árvores Secas,
No Verde lindo das matas

Sempre haverá a qualquer momento,
A chance de reencontrar a alegria,
Que estará a nossa espera...
Como um lindo dia de Sol a Cantar

Vera Lúcia Dias

Fragmentos de beleza

O BELO é a expressão do prazer...
Mexe com os sentidos, Beleza é efêmera
Sentir e ver beleza, são antagônicas
O BELO deixa de ser belo nos ciclos da vida
Transforma o olhar no seu tempo...
Abraça o que faz sentido Alegra
Beleza é o sentido que se completa
Almas que se identificam num Abraço
Contemplar o que lhe faz bem realiza
Admirar o Belo e o Feio é peculiar
Nem sempre o mesmo olhar,
a determinadas circunstâncias
Depende do olhar de cada Ser, Perfil Valores Personalidade
Ter emoções Reais ao seu alcance Se Sentir física e emocionalmente Seguro
Nunca acabar com a autoestima do outro
Muitas vezes o bonito de uma pessoa é visto só pelo
Outros na qualidade da sua espiritualidade e energia
O feio se torna Lindo aos Olhos de quem AMA
Às vezes o Belo se torna feio, pois se deixa levar pelas aparências
Nada na Natureza é desprezível...
Descartável com dogmas,
Cada peça de um jogo tem sua beleza e valor SEMPRE JUNTAS...
A vida não é diferente Surpreendente
Você que está lendo este texto:

É UMA PESSOA LINDA, ÚNICA UMA PERFEITA CRIAÇÃO DE DEUS!!
Ninguém pode mudar o curso da
SUA LINDA E PERFEITA FORMA HUMANA DA QUAL FOI GERADA
   GRATIDÃO   GRATIDÃO

Fragmentos de desejos

INSPIRAÇÃO... você que sonha, acontece faz, acredita, idealiza, fantasia, realiza!

Você que sonha acontece faz acredita, idealiza fantasia, realiza...

Nesses voos, onde as emoções alcançam o universo, entre inúmeros deles, construiu seu espaço lindo repleto de arte, ainda vibra, por um projeto a realizar...

Você muito agradeço por amar minha alma, minha arte, mas que desejava mais do que sou, como nunca existirá nada completo... acredito que ainda desperte e sinta que a entrega real nem sempre é repleta de perfeição, mas de almas afins, onde a espiritualidade faz o seu trabalho e nos dá a chance do reconhecimento do belo por outra face... que pra ela é a perfeição que lhe destina, depende exclusivamente de você aceitar e agradecer aos mentores, por esse presente, caso contrário, poderá não ter uma segunda chance!

"Não tenha medo de pensar diferente dos outros. Tenha medo de pensar igual e descobrir que todos estão errados" (Eça de Queiróz)

> "Sou a Lua que se esconde,
> o Sol que brilha, para você me amar"
> (Vera Lúcia Dias)

Capítulo quatro

Fragmentos de espera

Hoje amanheci com um Sonho... atrevido,
Sonhei com meu Dog passeava... comigo,
Estava com um lindo vestido Azul...
Que recebia Lindas Rosas Vermelhas
A vida se transformando em Festa...
Eu, não estava só...
Recebia presentes...
Muitas Felicitações...
Não queria despertar Nunca.
Era tudo mágico... Colorido...
Temia perder esse momento.
Tão esperado ao longo do tempo
De repente o Sol e a Lua se abraçaram,
O medo, a incerteza e a tristeza... partiram
A Vida era diferente colorida... festiva,
Meus Sonho, então, havia se realizado

A ESPERA HAVIA TERMINADO

Fragmentos de fantasias

"NOSSOS SONHOS SÃO RASCUNHOS, O ORIGINAL ESTÁ NAS MÃOS DE DEUS"
Momentos de Paz. Alegrias.
Mistura de Emoções Fantasias Gratidão
Rosas são renovação Amor Luz ESPIRITUALIDADE
onde a espera impulsiona UM NOVO AMANHECER
A Certeza de Proteção
Amor espera na caminhada de tropeços, superação,
Vontade de renascer outra vez para a vida
Atravessando sempre a ponte de ilusão de uma nova jornada
nos abraçando com amor, companheirismo, resiliência

Fragmentos de ilusões

Na plenitutude
Da emoção...
   Posso até deslizar...
Na plenitude
   Da razão
Não há mais

Reverências

        Aos meus pais
Sempre amarei... Nunca esquecerei
Gratidão pelo amor
Dedicação, cuidados
Sem vocês seria
A lua sem o sol a primavera sem flores
Poesia... Sem amor
Música sem piano, romance, instrumentos, intérpretes
Sem vocês, não existiria este livreto que encanta e desencanta
Sem vera lúcia que provoca!!!
Em especial... Uma das pricipais fontes inspiradoras
Meu companheiro, filhos amigos família.........Vocês

Filhos:
João Francisco,
Adelício Júnior,

Anatélcia

Netos:
Augusto,
Mateus Júlia,
Maria Clara
Sempre serei grata pelo carinho de todos,
Lealdade, amor, compreensão
Companheiros dedicação

Minha amiga irmã do coração:
Gilma

Amigos:
Eleonora, Kátia, Cléo, Dayse, Ellen
Marisa, Adrys, Ana, Décio,
Hermes, Renato, Samira, Maria,
Ferreira Martins (jornalista, locutor)
Luiza, Deronice, Delma, Wilma,
Fabiana, Vera, Andrea, Solange
Vanja, Luíza, Roslaine, Adriana,
Eliete, Sueli, Tadeu, Ricardo Salles
Dr. Josué, Luiz,
Meg (renove), Sheila (hotel mosteiro)
Gilder... Ana Laura, a quem dedico também muito amor

Nas redes sociais,
Eleonora, Kátia, Samira, Dayse, Deronice, Luiza, Cris
Maria de Fátima... Angela... Décio... Renato... E demais

Meus filhos
João Francisco
Adelício Júnior
Anatélcia Helena
Noras: Delma e Vanessa
Netos:
Augusto, Mateus, Júlia, Maria Clara

Meu amigo e companheiro especial:
Gilson
Sempre serei grata, te amarei
Em todas as estações do ano

Fragmentos de inquietude

Ah! Se soubesse... lindo
O quanto te quero... te desejo
O mundo imaginário seria infinitamente alegre
Sem tristeza... só lindo como você
Que transforma meus dias leves em beleza
Festa de aniversário de criança
Você tem esse jeito de me fazer sorrir
Me faz viver, realizar, acreditar e renovar a caminhada
Ah... se soubesse lindo não deixaria nada para depois
Faria acontecer, agora, hoje, pois a chance que os anjos lhe deram
Será sempre um prêmio a ser resgatado hoje
Pois... amanhã ele poderá passar para outras mãos
Que esperam por esta chance há muito tempo...

Fragmentos de renovação

Pequenos versos, distraídos
    É por você,
Para você, Que escrevo, Uma nova canção
    É por você,
E para nós, Que recomeço, Uma nova história
Onde as mãos,
Se encontram,
Braços se Abraçam,
O amor canta e Encanta

Fragmentos de sedução

AH... se essas janelas falassem Se esse céu nublado fosse até o oculto do prazer OFERECENDO SUA ESSÊNCIA OUTRA VEZ

Tocando todos os sentidos dos mortais na pele fina Sensível de mulher franzina, sem atração

Atração que reprime

Silhueta que tenta provocar

Desejo que reprime... mas que tem medo de sonhar

Ah, se o homem ouvisse os Anjos, não provocaria esse sentimento na mulher

Mulher que gera amamenta deseja carinho, abraço que transforma, realiza e completa

Na amplitude do Universo, anjos tentam transmitir O Verdadeiro sentido da mensagem da importância da Mulher em todos os segmentos da VIDA

TODAS AS MULHERES SÃO LINDAS NO SEU CORPO ALMA STATUS... SÃO LINDAS E PERFEITAS GERADORAS DE VIDAS!!!!!

Fragmentos de uma estrela

Noite de lua cheia, linda resplandecente,
uma estrela brilhando tão forte, Iluminava o Mar... o Céu Azul.
Aos poucos foi desaparecendo no infinito
Ela então se tornou... Uma Luz,
Na forma de um Coração que reluzia,
Sorrindo lá se foi, ofuscando no céu,
Mas ficou presente em nossa memória
                                      Para hoje e sempre,

Que o sol te acorde....
Alegria te visite...
Os Anjos te Acompanhem.....
Deus te abrace com muito Carinho

Capítulo cinco

Fragmentos do despertar

Nada mais Lindo que a beleza da noite despertando, com a nossa Lua Iluminando nossos Sonhos

Às vezes nos sentimos tristes, mas... Deus, a família e amigos nos alegram com mensagens lindíssimas no nosso dia a dia

Agradeço imensamente por vocês me acolherem nos seus braços, não me sentindo SÓ... E um Talvez que enfraquece as esperanças de um Sonho

Seguimos, nessa linda Travessia da Ponte chamada Vida, onde as aspirações nos envolvem, impulsionam a romper a barreira do cansaço, da desesperança do não crer que as forças do mundo espiritual nos acendem, fortalecendo nosso corpo e alma, nos levando a travessia com alegria, canto e Beleza dessa Vida de AMOR

Fragmentos vazios

Encontro vazios na esperança
Da boca se cala......
Encontros perdidos na alma
Do poeta... que chora
Reencontros, saudades
Perdidas... de momentos
Encontro lábios...
Adormecidos, na espera
Momentos de Deus
Abraçam... Aliviam,
Lágrimas... salgadas
Na fantasia que adormece
Olhos que não se olham,
Beijos que não se tocam...
Abraços que não se envolvem,
Desejos esquecidos na alma...

De um Pensar...

Janela curiosa

Na janela do meu novo Lar, observei um casal jovem, lindos repletos de energia e paixão
ela limpava a área do seu apartamento...
Sentia a beleza da leveza de união cuidado deles no carinho a cada passo, que transmitia a pureza de amar....

Não se deixavam, se emaranhavam no pequeno e curto espaço, se cruzando numa poesia de mil frases e ousadias...
A cada minutos se abraçavam, beijavam, como se estivessem num lindo jardim de desejo
com uma melodia de oito notas, invadindo seus sentidos, numa sequência de desejos e fantasias

Algumas vezes, paravam, se entregavam, davam sequência ao trabalho a cumprir que teimava em lhes separar
Mas o encanto da dança dos movimentos deles naquele pequeno espaço, transformava o simples no belo da grande Paixão que os unia...

Magia de um desejo

Ah, se a Magia do Amor
Transformasse o Sonhos em realidade
A mais linda melodia em presença
O Desejo voltando pra Ficar

Se me amasse como sempre fala,
Com certeza iria lhe realizar
Tudo poderia ser possível
Se houvesse esse Sentimento
Faria dos obstáculos um Novo Momento
Para lhe fazer Mais Feliz
Não me importando qual seria o caminho
A forma de chegar até a Ele

Dando-lhe Realização que precisava
Mostrando o Verdadeiro Dom da Doação
Do Amor, de Entrega livre da materialidade
Além do Corpo também da ALMA
                QUE ESPERA...

Vera Lúcia Dias

Magia do amor

Ah, se a Magia do Amor Existisse
Em tudo que lhe acolhe
Jamais a deixaria sofrer
Nessa indefinida Espera
Onde mãos teimam não aceitar
Na verdade, tudo é imaginação
Palavras, o vento as leva
Ações permanecem em nossa alma
Ah! Se soubesse o quanto somos importantes
Em Nossa jornada Astral refletiria nessas ações
Quando lhe desejavam Saúde Evolução Espiritual
Prosperidade Coragem e muita Crença
Ah! Se soubesse as orações na Madrugada
Aos Anjos que lhe abraçassem, Sua eterna proteção,
Sentindo as mesmas emoções de Renovação
Pedindo aos mentores espirituais seu Sorriso de Volta
Seus Planos... Liberdade... Realizações Plenas...
Aí esse amor viajaria para

Outro Lar que reconheceria esse amor..

Fragmentos de Ilusões

Manhã de alegrias

Sempre poderá haver uma manhã diferente
Onde a lua surpreendente ainda consegue
Se encontrar como sol

Mesmo por pouco tempo
Ela se encanta, se emociona
De amor e fantasia

Manhãs se transformam
Em tardes ardentes
Noites se encontram
Ao luar dos apaixonados

Sempre haverá reencontros
Entre os opostos distantes
Pessoas se envolvem no amor
Outras adormecem sozinhas

Mas almas gêmeas alcançam
Seus desejos e o universo
Cantará a canção da paixão

> "Até a eternidade é muito tempo,
> mas desejo passá-la ao seu lado,
> não me importo a espera"
> (Vera Lúcia Dias)

Capítulo seis

Mãos vazias

Encontros nos desencontros,
Olhar no esperar...
Caminhos, no Escuro,
Amanhece... então, Anoitece,
Emoções, mexem com a alma,
Num desejo de olhar.....
A luz do caminho
Na manhã ao acordar
Onde está seu olhar,
Quando me diz me amar...
Onde está seu sorriso,
Quando alegra, meu riso
Agora desagua e se entrega,
A máquina que fascina...
Nos dias e noites,
Sem desejo de abraçar
Caminhos sonhados...
Na fantasia da espera,
Mulher... criança inventa amor,
Nas noites de Luar....
De repente, um Anjo surge,
Na música que desperta,
Muda o rumo da história......
A máquina adormece
       O AMOR ACONTECE...

Vera Lúcia Dias

Máquina sedutora

Procuro... procuro seu olhar no silêncio da espera
Me lembro de ter me falado TE AMO...
Alegrava meu Riso e me envolvia de encanto

Agora desagua na entrega à máquina que fascina, noites e dias sem
desejo de abraçar... caminhos sonhados na fantasia da espera, mulher
criança inventa, amor nas noites de luar...

De repente um anjo surge, na música que desperta, muda o rumo
da história, a máquina adormece, o amor acontece

-- --------------------------------

Mas a competição pela máquina é forte e sensual, absorve a mente
horas dias do ser humano, que deixa de viver outras situações, para
se tornar escravo dela mesma, afastando as pessoas, tornando-as
insignificantes, sempre ligado nela, embora seja uma ilusão de tudo
poço de prazer...

Na maioria é uma espécie de lavagem cerebral os tornando seus escra-
vos em potencial, perdendo a vontade de se alimentar, se dedicando
à família, amigos companheiros, filhos, sem muitos laços afetivos,
se distanciando cada vez mais!

Ao longo do tempo pode perder a identidade de ser humano, cum-
plicidade, carinho, reconhecimento, dedicação às pessoas da sua
convivência e o grande sentido da vida na sua plenitude "O AMOR",
entre elas que na verdade são riquezas de um perfeito relacionamento

As máquinas falam mais alto, são as descobertas que realizam inú-
meros sonhos, porém também viciam escravizam, perdendo muitas
vezes o sentido da VIDA

Nada sei, nada sou...

Diferenças existem
Às vezes não percebemos
Mas... Sempre estão... Aos nossos olhos
Teimamos em não ver e nem percber
Diferenças... Existem
Entre a fala, a presença, o encontro

Já passamos por alguns enganos
Quase sempre relevamos, para não sofrer
Mas, às vezes, essas situações teimam em retornar
Para nos magoar... Nos calar

Não entendemos por que temos que ficar mudos
Quando na verdade é hora de falar...
Se pessoas não nos querem por perto, não nos chamam
Simplesmente, nos tiram das suas vidas

Não vamos olhar o passado
Somos o presente, estamos aqui...
Sentindo a energia da vida, invadindo
Todos os nossos mil sentidos...
A felicidade é como uma luz basta acendê-la!!!!

Nosso lar

Nossa casa Nosso Lar...

Corremos tanto para preparar, um Lar... um lugar de descanso, alegria, amor...

Nem sempre conseguimos despertar nosso coração, nossa alma ao nosso PORTO SEGURO, onde possamos admirar o verde, as cores lindas da natureza, o lago, um barco, um momento de completa emoção e êxtase pela beleza de harmonia da criação de DEUS

Seria um Sonho a Realizar, mas nosso lar é onde está Nosso Coração, Nossa Identidade, onde o espaço mesmo não sendo imenso é lindo, abençoado, pelas mãos do NOSSO DEUS ONIPOTENTE

Valores que a vida nos oferece, neste Universo de contradições, diferenças, desamor, desunião, materialismo... Quando alcançarmos o nosso espaço, sentiremos a vibração espiritual falar mais alto aos nossos sentidos,

Então acenderá uma LUZ, MESMO PEQUENA DE ESPERANÇA, gratidão, amor a percorrer por todo nosso corpo, células, sangue,

Como se DEUS abrisse a porta do Nosso Lar e nos falasse: Filhos, aqui serão amados, respeitados, valorizados e o progresso vai invadir seu lugar com bênçãos diárias de paz, evolução, alegria e abundância à sua alma corpo e coração

Nada e ninguém vai ter força para lhe tirar aquilo Deus lhe reservou, na glória de DEUS PAI... AMÉM... AMÉM

Palavras de Jesus

Porque eu preciso que você entenda que não precisa de ninguém além de mim....

O MEU TEMPO... Só é diferente do seu... Tenha Fé, mesmo se você achar que não consegue, não se preocupe com o Futuro, Você tem a MIM, irei te guiar. Confie

Eu não me esqueci de ti... Permaneça positivo confie que tudo está acontecendo para seu bem...

Alegre-se sempre e Agradeça... Você sabe que eu posso fazer as coisas...

Ore todos os dias... Muito Agradecemos a DEUS NOSSO CRIADOR

Para você, com carinho

COISAS A DIZER SEM RECEIOS
SOM QUE TEIMA
NA AUSÊNCIA DO FALAR
BOCA QUE SE CALA
SE
ESCONDE,
                PRA NÃO AMAR

Capítulo sete

Pássaros no silêncio

Somos muitas vezes AVES,
Algumas de asas longas, outras curtas, rápidas.
Somos com o voo, silencioso da inquietude na inquietude no ar que nos move, a caminhos de incerteza nos levando a lugares distantes...,
Somos pássaros no silêncio em busca de abrigo e de outros pássaros, o canto, o encanto da natureza
Somos a vida que nos move ao belo... Nunca desistimos, lutamos até o nosso último fôlego... Nos debatemos entre galhos, folhas outras aves a nos perseguir ao longo do nosso voo silencioso...
Mesmo que a tempestade se apresente, lá estamos sempre com possibilidades de um excelente pouso... Nosso lar construído por nós, à espera de uma companhia... Não queremos ficar sós, sempre a dois...
Aves são coloridas, românticas e protegem seus parceiros e filhotes
Somos uma pequena essência, que brilha mesmo em dias escuros e tristes. Alegram a natureza com seu canto harmonioso...
Sou um pássaro no silêncio, à espera do despertar do meu parceiro. Que não vê encantos nas minhas asas, corpo franzino, na minha pequena altura.
Mas sou um pássaro alegre, forte que ama o belo feio...
Ama toda a criação de Deus
À ESPERA DE UM MILAGRE DOS ANJOS, a me proteger contra os predadores que desejam meu espaço....
GRATIDÃO... GRATIDÃO

Pausas no silêncio

Nem sempre admiramos a quietude do ambiente
Sem ruídos vazio triste
São reflexões que nos levam a situações, lugares
E sentimentos, nem sempre bons, muito tristes

Mas é necessário o nada, para
Avaliarmos o tudo do dia a dia
Nas pausas do silêncio da inquietude
Vozes queridas, cantos que alegram
Sons de palavras que provocam
Olhar que seduz e nos abraça

Voz que perturba e mexe com os sentidos
Provoca desejos emoções, fantasias
Desejos de estar e ficar perto
Sons de música que envolvem
Pausas no silêncio que adormece
Noite que chega e apaga a fala
Vontade de lhe dizer coisas... Me calo...

A felicidade é uma quimera

Precisamos muito pouco para sermos felizes
Uma boa conversa, um bom vinho,
Algo para beliscar, mãos se tocando

Uma fantasia, que retorna à adolescência
Recuperar o que se perdeu lá atrás
Abraçar com força o que está em nossas mãos

Nunca mais partir, se perder às vezes nos atropelos
Da nossa caminhada, ainda mais longe podendo chegar
Poder despertar, sentindo que não era só fantasia
A realidade avisando que a vida bela chegou pra ficar!

Pequenos versos soltos

Coisas a dizer sem receio...
Som que teima na ausência do falar...
Boca que se cala...
Se esconde, para não amar
Não sei se é medo... de se entregar...
Penso... penso, que caminho a tomar,
Se já nos conhecemos... e sorrimos...
Então adormeço, a te esperar

Porta aberta

Após a tempestade, sempre haverá um lindo dia de sol
Uma porta aberta, um novo sentido
Braços para acolher,
Gratidão eterna a Deus, a você
Transformou a tristeza em Alegria. Esperança,
Amor amigo Irmão de Alma!
Luz que sempre brilha... de esperança
Que transforma a tristeza em alegria
Enganos em esperança Amor... Paz Luz
Meu amor amigo, Irmão de Alma,
Companheiro em todos os momentos
Unidos na Espiritualidade
Me abraça, me beija, me faz sorrir
GRATIDÃO por me fazer uma mulher realizada e Feliz
O IMAGINÁRIO
Como não amar alguém assim
Me faz mulher...
Desejada... completa
Me seduz... provoca
Me beija... abraça

Às vezes criança
Às vezes real
Quase sempre... Fantasia

Muda minha história
Me faz princesa
Boneca todos os dias

Ama tudo em mim
Rugas, pernas finas
Voz rouca... pequena

Ainda fala: Você é linda
Um presente Imaginário...
O Universo me trouxe você...
Nos momentos de dor e solidão

Fechou todas as feridas... a
Espiritualidade nos aproximou

Prosa e poesia

Amanhece
Alegria no Ar,
Romance Contos

Entardecer
Sol lindo aparece
Céu claro Pessoas caminham sorriem juntas
Anoitece, Silencia um pouco, A Lua linda a brilhar
As Estrelas com sua Luz Resplandecem
O Céu Celebra mais um momento
De Amor Beleza na
Obra Divina de Deus PAI

Reencontros de almas

Dia lindo, alegria mil
Abraço, de emoção
Desejos realizados
Fantasias reprimidas
Ficaram no passado

                                              Braços que abraçam

Tocam deixam feliz
Beijos que levam
A lugares nunca visitados
Proteção sentindo emoção
Espera e reencontro de vidas...
Não tem como exprimir
Esse momento de prazer, alegria
Foram lindas eloquentes e beleza
Sempre quando a tristeza abraça
Viajamos a esses momentos
Penso... Penso... Se aconteceu, ou foi um sonho
A emoção se esconde...
Medo de se apresentar, Mas a vontade impulsiona
A razão a recomeçar sempre e a beleza a realizar
O homem tem capacidades inerentes a sua mente
Deve apenas se redescobrir e reinventar

Vera Lúcia Dias

Reflexões

Às vezes... Não percebemos detalhes
Que nos tocam e nos magoam
Pequenas atitudes gestos
Colocam a perder toda grandeza de um sentimento
Tudo transformam em nada...
Poucos gestos que nos surpreendem...
Magoam, nem mesmo conseguimos...
Nos conter nossas mãos tremem
Essas mãos, quase não conseguem escrever,
A sensação de insignificância,
Que às vezes Somos nesse Universo,
Pessoas lutam esperam... Por carinho
    Algumas desejamos atenção, companheiros,
    Outras só materializam o corpo belo
    A perfeição do físico que lhe dará satisfação,
    Transformar num ser completo...
    Nessas pequenas vivências de oportunidades,
    Pude compreender vários comportamentos,
    Sentimentos sempre visando ao imediatismo...
    Agora, beleza física, perfeição, dinheiro
    Outras nutrem um sentimento de alma,
    O amor é a Fonte inesgotável de alegria
    Realização onde se amam com coração
    Estão perto com liberdade... Companheirismo

Reflexões dois

Somos pequenas partículas que abraçam e se entrelaçam
entre as espécies Humanas A natureza se une a elas,
onde a evolução das mesmas, se coordenam,
e desenvolvem seu maior estágio evolutivo
Somos nutrientes luz, corpo e cérebro
comandando reações aleatórias e concretas
num estágio de aceitação e conquista
Num imenso Universo que se une a todas as espécies evolutivas,
 na energia que emana de um Deus perfeito, Nosso Criador,
nos acolhendo, abraçando e nos protegendo contra forças malignas
Forças essas de invasores, com desejo de exterminar vossa Criação,
personificada em seres humanos, sem emoções, criaturas
que vibram para destruir toda Obra do Nosso Criador...
Nossa Força é a Oração... Acreditar que nunca estaremos Sós
    Deus Pai... Filho.. Espírito Santo
    AMÉM... AMÉM

"No Universo de desejo,
sempre haverá um pouco de nós, de Alma,
do Amor sem formas, sem dor, da vontade de ficar."
(Vera Lúcia Dias)

Capítulo oito

Roda dos sonhos

Algumas, talvez
Uma duas, ou três
Passaram como a brisa
Na dança de roda e cirandas

Algumas, teimaram em ficar
Outras, rodaram... rodaram..
Nas manhãs de inverno, ficaram
No calor de abraços teimosos

Algumas viravam e transformavam
O pranto em riso, risonho
Alegria nas novas, Rodas chegaram

Algumas, até sentiram prazer
No toque, no olhar, no silêncio
Às vezes desejos e sonhos submersos
Rodas dos sonhos, meu... seu... nosso

RENASCERÃO COMO ORVALHOS EM FLORES NAS MANHÃS
DE PRIMAVERA DE SONHOS,

Rosas vermelhas

Amor espiritualidade bênçãos
Esperança de um novo amanhã
Realizações... Amor perfumado

Sempre belas coloridas encantando
Paixões num beijo de amor... Gratidão
Desejo viver sorrisos de entrega
Colorindo a vida como as rosas encantadas!

Rosas nas sombras

Não vejo seu rosto... Não toco suas mãos
Um momento de sombras na silhueta da noite
Mas sinto sua energia que erradia
Minha alma de Paz e Desejo
Não Caminho ao seu lado Não vejo Seus Olhos
Mas sinto seus anseios de Coração,
Esperança Nada sei nada sou,
Mas acredito no Dom Divino
Caminho entre Pedras Correntezas

Ainda na escuridão do Meu Pesar
Nada é Eterno nada Impossível
Mas o Universo nos Acolhe com Amor
Caminho entre flores Natureza que alegra
                Caminho, na Luz dos Sonhos Alcançar
VEJO AGORA SEU ROSTO TOCO
SUAS MÃOS DE ENCANTO
SUA ENERGIA DE ARTISTA EMOCIONA, VOA LONGE

BEM ALTO ENTRE AS NUVENS DO UNIVERSO
A ME ABRAÇAR PARA NUNCA NOS SEPARAR

Vera Lúcia Dias

Sal & Açúcar

GUARDO EMOÇÕES
INFINITAS DE CARINHO
LINDAS MÃOS
SONHAM PROJETOS
ONDE ALGUÉM
NÃO VAI ENTRAR

AMO... SIMPLES ASSIM
DIFERENÇAS, MUITAS
COMO DIA E NOITE

AMO DO MEU JEITO
DIFERENÇAS MUITAS
COMO A CHUVA E O SOL...

AMO COM DESEJO
IGUALDADE ÀS VEZES
COMO TROVÃO E RAIO

AMO... SÓ EU AMO
DIFERENÇAS MUITAS
COMO O SAL E O AÇÚCAR

AMO O AÇÚCAR
VOCÊ O SAL

Fragmentos de Ilusões

MAS, O SAL E AÇÚCAR
SE COMPLETAM...

SENHOR DE PAZ E AMOR
Somos pequenos ao Vossos Olhos
Mas grandiosos no Vosso amor
Deus Nosso Pai da Beleza
Emoções que nos movem a sua maravilhosa CRIAÇÃO
Deus, nosso Rei de Luz
Alegria que nos Acalenta
Acolhe, Abraça. Fortifica
Deus Nosso Presente, Passado
FUTURO DO BELO
REALIZAÇÕES ETERNAS
Embala Nossos Sonhos, Adormece, Desperta

Deus... Nosso Amigo Eterno
Caminha ao nosso lado
Nunca nos abandona
SEJA SEMPRE FEITA A VOSSA VONTADE
                    AGORA E PARA SEMPRE!!
AMÉM... AMÉM

Silêncio dos anjos...

ESTA LETRA É UMA COMPOSIÇÃO MINHA... SOU MUSICISTA E FAÇO AS COMPOSIÇÕES NO PIANO... SÃO MUITAS....

Essa é uma canção dos momentos de Paz,
Não saberia ficar sem você nesta hora,
Sem as bênçãos dos Anjos,
Meu coração se alegra
Muita Esperança nos invade,
Luz da promessa de Vida,
Cumprindo agora no Amor
Onde as ondas do mar se acalmam
Bênçãos de Deus nos abraçam,
Silêncio dos Anjos cantando Louvores,
Unindo nós dois sempre,
Numa linda história de amor
No silêncio da madrugada
O Senhor nos falou,
Essa é a canção dos Anjos,
Vai unir os homens os animais
Um imenso amor surgirá na Terra,
Celebrará... a União Infinita,

Fragmentos de Ilusões

De almas que se reencontrarão, Sem medo de amar, com proteção dos Anjos

ESSA LETRA E MELODIA COMPUS...

Aos meus filhos, que tanto amo

João Francisco... (Vanessa, esposa) / Adelício Junior.... (Delma, esposa) / Anatélcia Helena

Solidão de um pesar...

No Encanto, No Pranto, No Canto...

Emoções despertas, outras esquecidas uma faz de conta, sem pressa de terminar

uma melodia estranha, sem Alegria no ar, Silêncio... vontade de se expressar na Solidão do meu Pesar...

Onde anda o olhar do ENCANTADOR se recusa a se expressar

No pranto no canto da Solidão, que ousa penetrar na sua alma

Arrasando seu corpo seu respirar

Desperta pra voz que lhe chama... lhe ama e deseja, não ignore finge não querer

 pra só ficar no seu ESPAÇO de recordações inúteis de passado sombrio e medo de se entregar

Levanta para voz que te ama acalenta seu olhar, acalma sua doidice, saia desse altruísmo que nada vai te reservar a LIBERDADE desejada... Ela será sempre uma quimera senão nos libertarmos do pesar, das reticências, possibilidades, como se o mundo estivesse estagnado no seu introspectivo, as boas emoções do amor, companhia, prazer... Sem Muito Exigir e se permitir

O Prazer não é só corpo perfeito, torneado, lindo... é a identidade de duas almas que se admiram gostam têm conexão, mas quando o desejo por beleza física descarta a conexão espiritual desejando apenas corpo perfeito e se entrega a esse desejo sem a conexão da alma, a essência vai se perdendo no seu verdadeiro sentido do amor

Então, a pessoa fica reclusa e se afasta, se nega Amar, quando lhe oferecem amor, de compartilhamento companheirismo, no desejo de se doar, sem restrições, e com amor...

A liberdade, a libertação ria, ficar só, no seu casulo pensando que é o melhor para a pessoa, deixando quase sempre a verdadeira razão

Fragmentos de Ilusões

da alegria... satisfação de um carinho, conversas... interação, altera o bom humor, completa uma identidade mais segura, sólida
EMOÇÕES SAUDÁVEIS, AFETO, ATENÇÃO, COMPANHEIRISMO, FAZEM PARTE DA ESSÊNCIA DO SER HUMANO...
A INTERAÇÃO FAZ PARTE DA NOSSA AUTOESTIMA... O AMOR DO NOSSO CORPO E ALMA

Capítulo nove

Sonhos a realizar

No Universo de diferentes necessidades emocionais, quase sempre falar de sentimento, romantismo, ilusões, ou mesmo relacionamento a dois, provoca barreiras, até constrangimento para algumas pessoas, que não desejam nenhum tipo de relação que envolva qualquer compromisso mais sério além de uma amizade, sem laços afetivos
Resolvi expor alguns sentimentos, pois tudo que faz bem para alma, alivia o coração, tornando as pessoas mais saudáveis,
dispostas a transmitir um pouco do seu calor humano.
O texto a seguir representa uma das aspirações de alguém que persiste em mudar o rumo da história... pois acredita que o sentimento de carinho, cuidado, companheirismo alcance o seu Sonho, nada faria ela mudar de ideia, pois não tinha nenhuma chance de estar ao lado de quem ama... sua chance ainda continua 70% negativa... mas acredita que vai realizar ESSE SONHO... pois está seguindo os sinais que o Universo e a intuição lhe enviam...

Pessoas sonham, esperam lutam para alcançá-lo, sendo ou não uma Fantasia criada por elas, lutam, até as forças terminarem, mas recuperam com a espiritualidade, proteção, dos seus mentores, onde a palavra "desistir" NÃO EXISTE!
Muitas vezes se magoam, se alegram, cantam, choram mas jamais desistirão do SEUS SONHOS!
Esse Sentimento deve ser um Prêmio, UMA RIQUEZA, DE PAZ CARINHO E LUZ... ao destinatário... que enfim decidir recebê-lo

84

Vera Lúcia Dias

Tempo e reticências

Nem sempre existem argumentos para algumas inquietudes
Tudo que gira em torno de nós, quase sempre é talvez...
Muitas vezes, aceleramos o tempo, sem medir os resultados
A natureza é esplêndida em relação ao tempo certo da colheita!

As estações passam, os dias, meses, anos, décadas
Na medida do tempo, a evolução... da Terra se acomoda
O Universo sempre estará ao nosso lado, depende do despertar
Fazemos parte dessa Roda Giratória, em comunhão às forças magnéticas

Energia positiva gera o realizar de tudo que desejamos!
Se comunica com a mesma do plano espiritual...
São forças energéticas, que giram em torno de tudo
Matéria que somos nós, demais seres animados, inanimados

A estática avança cada sentido, emoções, pensamentos
Um conjunto de coisas entrelaçadas que geram energias
Muitas vezes essas energias retornam para a terra...
Retornam para cada ser individual ou coletivamente

Não temos como acelerar o processo, o tempo o fará
As respostas, sempre chegam aqueles que se interagem
Essa interligação, sempre estará na alma... no coração, no fazer
TEMPO E PENSAMENTOS POSITIVOS,

Fragmentos de Ilusões

SÃO ENERGIAS DE FORÇA DINÂMICA!!!!

O AMOR... VENCE TODAS AS BARREIRAS DO INDIVIDUALISMO

Reflexões

Me acostumei a lhe dar bom dia! A lhe dar boa noite!

A cada dia nos alegramos um com outro

Nos protegemos, cuidamos compartilhamos o mesmo espaço, o mesmo ar, alimento e algumas coisas qu sentimos em comum (tosse, tontura falta de ar) e momentos de paz, um respeitando o espaço do outro!

Então me pego pensando: no momento que cada um sairá para lares opostos. Se conheci o melhor de sua companhia diária a participar de sua rotina a lhe beijar de manhã, tarde noite, de companheira vou passar a ser o quê? Uma conhecida que vai deixar de lhe ver sempre e passará a ser uma pessoa como as demais comum, que às vezes receberá sua visita, um abraço, talvez voltarmos à rotina de antes sem muito a dizer, cada um no seu (quadrado)

Existe aí uma colocação de algumas coisas que têm confundido minha cabeça. Às vezes me vejo segurando numa rocha, outras num cipó, prestes a se romper

Ainda não consegui entender muito bem por que

O mundo espiritual me levou a você, o quanto terei de esperar para se unir a mim com mais carinho e segurança e ficarmos juntos como um casal normal nada posso confirmar nesse momento. Preces sem som... Palavras perdidas ao vento... Sonhos se destroem por palavras... Não tem sentido tudo que se vê se ouve laços sem abraços desejos perdidos

Nada será em vão, a espiritualidade já está trabalhando e colocando tudo o que nos é merecido, estamos no unindo mais a cada provação, almas gêmeas nunca se separam... Sentem necessidade de permanecerem unidas

Texto aleatório

Ao longo da minha jornada, fiz muitos amigos
Todos sinceros e leais, por isso são amigos.
Como não amar vocês
Nos momentos da minha carência,
todos tinham uma conversa de Carinho,
Abraço Beijo de Entusiasmo!
É pra Vocês e por Vocês que Reescrevo novas histórias
em Versos, Poesias, Textos

SEI QUE NUNCA ESTAREMOS SÓS
           GRATIDÃO... GRATIDÃO...

Texto diferente

Mudança na LEITURA, do que é o amor, a família e o mundo!
NOSSO NINHO DE AMOR E PAZ! NOSSA CASA
NOSSO LAR!

Corremos tanto para preparar nosso lar, nos sonhos que nos impulsionam, onde irá nos abraçar no descanso, alegria, amor!

Nem sempre conseguimos despertar nossos corações almas a um PORTO SEGURO, onde tenhamos a chance de admirarmos o verde as cores lindas da natureza, um lago, um barco, momentos de completa emoção beleza harmônica da perfeita criação de DEUS!
SERIA UM SONHO A REALIZAR...

Mas entendo que o Nosso Lar seria onde está Nosso Coração, coisas nossas, materiais e emoções espirituais, Nossa Identidade, onde não importa o espaço, pequeno médio grande, imenso, é lindo Simples abençoado, quando construído com AMOR, Abençoado pelas mãos do nosso ONIPOTENTE.

Valores que a vida nos oferece, nesse Universo de contradições, diferenças, desamor, desunião, materialismo!

Quando alcançarmos nosso lar e sentirmos a vibração espiritual falar mais alto, aos nossos sentidos, então, acenderá uma Luz mesmo pequena de esperança, gratidão a percorrer por todo nosso corpo, células, sangue, como se DEUS abrisse a porta do nosso lar e nos falasse:

Filho, aqui você e todos da sua família serão unidos amados... valorizados e o progresso vai Invadir o espaço de vocês com bênçãos diárias de ABUNDÂNCIA, PAZ, EVOUÇÃO, ALEGRIA a todos desse lar, no CORPO, ALMA, CORAÇÃO!

Nada, Ninguém, terá força nenhuma para tirar de vocês aquilo que Deus lhes reservou.

TRAJETÓRIA DE INCERTEZAS & DESPERTAR DE CORAGEM

Muitas vezes nos deparamos com slogans, ditados que se perpetuam em nossa caminhada e muitas vezes frases nos surpreendem dizendo: "falei, aconteceu, viu", e em algumas situações elas nos direcionam a um novo caminhar, conquistar, um novo espaço, mundo pessoas diferentes "UM RECOMEÇO"

Mas sempre em qualquer tempo hora lugar haverá um despertar na consciência humana, onde a coragem impulsiona a tomada de decisão e atitudes que nunca devem ser adiadas, pois a espiritualidade nos leva ao nosso despertar e algumas atitudes que às vezes provocam uma tomada de decisão que pode permanecer e mudar o rumo da história, onde peças ruins serão descartadas e as bênçãos dos nossos PROTETORES estarão iluminando nosso deitar, nosso despertar e nosso amanhã.

Possibilidade de encontrar novas chances de encontrar Renovação, novo Espaço, se reduzem coisas materiais, dando lugar à espiritualidade, novas vibrações saudáveis, simplicidades...

TEXTO REBUSCADO DE UMA ESPIRITUALIDADE REAL

Não sei se era sonho, mas a espiritualidade veio falar comigo, fiquei surpresa sem saber o que dizer, naquele momento, porém, sabia o que eles queriam e não poderia mudar o rumo da história, pois não poderia deixar de caminhar como sempre foi, desde que conheci alguém especial, embora fosse enfrentar alguns obstáculos, tinha a convicção de que iria ficar bem de saúde que NOSSOS MENTORES DE PAZ LHE TRARIAM A CURA.

Sabia também que estaríamos juntos nessa caminhada longe das sombras, com sol iluminando nossos caminhos na imensidão da paz, alegria e que tudo passaria, sairíamos Vitoriosos, nessa nova vida que o Universo nos deu.

Tudo que fosse obscuro ficaria no passado, você se uniria a mim como um homem amando uma mulher, tivemos uma discussão anteriormente, mas os ANJOS NOS ABRAÇARAM e nos trouxeram entendimento, pois estava na sua sombra do passado sem querer se unir de corpo e alma a mim.

Eles então me disseram: calma, filha, seja forte,

Não adianta lutar contra esse sentimento que irá unir vocês, ele será o alicerce, força vossa estrada de amor humildade, crescimento espiritual e saúde de corpo e alma.

Agradeço todos os GUIAS ESPIRITUAIS por intercederem por nós e me mostrarem que o tempo está próximo e seremos Unidos Nas Bênçãos do Divino Mestre Senhor Jesus Cristo, nos dando essa oportunidade e nos unindo sempre.

Todas as sombras se dissiparão e só a luz divina estará cobrindo de alegria progresso físico e espiritual, pois Deus já os abençoou, filhos de AMOR

AGRADECEMOS TODOS MENTORES E GUIAS DO PLANO ESPIRITUAL.

GRATIDÃO... GRATIDÃO

Fragmentos de Ilusões

Uma prece a São Jorge

Nosso Protetor, Defensor dos Perseguidos,
Humilhados, Oprimidos... Abandonados,
Vosso Poder e Força nos encorajam à luta
Vossa Proteção e Coragem nos livram das batalhas mais difíceis
Sempre admirei sua Armadura, com o seu Cavalo, sua Lança
Coragem a nos proteger de todas as perseguições, ódio, que ameaçam nossa jornada
Na nossa missão a ser cumprida na nossa estrada a percorrer
Hoje, só lhe agradeço, por Vosso Carinho, Proteção
Renovação, chance de estar escrevendo este Livro, embora simples, mas abençoado
Criação das minhas composições... no carinho da família, amigos e colegas
MEU SÃO JORGE, CREIO NA VOSSA MISERICÓRDIA
QUE VOSSAS BÊNÇÃOS SÃO FORTES, NUNCA ABANDONARIA UM FILHO SEU...
        GRATIDÃO... GRATIDÃO

Uma trajetória de incertezas

Quase sempre nos deparamos com alguns *slogans*, ditados que se perpetuam em nossa caminhada. Muitas vezes acontecem essas frases "te falei", "te avisei", quase sempre são elas que nos direcionam a um novo caminhar, conquistar um novo espaço, mundo, pessoas diferentes, UM RECOMEÇAR.

MAS SEMPRE HÁ UM DESPERTAR, na consciência humana, onde a coragem impulsiona a tomada de decisão e atitudes, as quais nunca devem ser adiadas, pois a espiritualidade nos leva a algumas atitudes que provocam uma tomada de decisão que pode permanecer e mudar o rumo da história

As peças ruins serão descartadas e o bem vai prevalecer sobre o mal e as bênçãos dos nossos protetores estarão iluminando nosso deitar, nosso despertar e nosso amanhã.

Com essa possibilidade de encontrar a renovação, um novo espaço reduz coisas materiais, dando espaço às espirituais, com novas vibrações desejos, simplicidade, onde o ditado que diz: "uma choupana onde existe amor é uma fortuna de vida repleta de paz, momentos alegres e realizações".

"Primavera de Cores, perfumadas,
Amores de Reencontros,
Esperanças de Luz, Alegrias
Tempo de União"

Capítulo dez

Uma viagem de volta

Caminhava a pequena, sem destino, ainda não sabia pra onde iria, retornar ao antigo Lar, não desejava (sofrimento, opressão, violência e humilhação lá deveriam ficar).

Carregava uma malinha com rodinhas e ela, sem coordenação, entrava em várias ruas, sem saber qual rumo a tomar!

Pensava: onde iria descansar, seu corpo franzino, sem atração, sem pernas grossas, sem nádegas torneadas, sem nenhuma possibilidade de alcançar as fantasias criadas por ela.

O sol aparecera, logo que a manhã... despertara..., convidando a uma caminhada quem desejasse. Com passos lentos a pequena se preocupava no seu andar, não queria causar ruídos fortes, para não causar atenção.

Observava seu novo LAR, que aprendeu a amar e abençoar, todas manhãs e noites, esse lugar que lhe acolheu muito bem, chorava baixinho, sufocada por novo momento, surpreendente.

NA NOITE, QUASE NÃO DORMIU, pensamentos viajavam desencontrados em sua mente, com desejo de ali permanecer, mas chegara a triste ideia de que seria melhor partir.

Sua malinha arrumada, sem muito pesar, imaginava um novo abrigo, sentia a mesma sensação de antes, machucaram seu amor próprio, por algum motivo deveria partir...

Colocou as chaves na mesa, que havia ganhado, com alegria (afinal foi um presente), não escrevera nenhum bilhete dessa vez, apenas saiu e tomou o caminho das ruas movimentadas, barulhentas, nada mais era importante, o necessário ela levava.

De repente o celular toca, alguém que lhe havia acolhido, não desejava atender nenhuma chamada, assim perdendo a noção do tempo, já estava há cinco horas vagando sem rumo, então avistou uma padaria que não lhe era desconhecida.

Fragmentos de Ilusões

Tinha dado muitas voltas, voltando a esse ponto muitas vezes, resolveu, então, entrar para descansar e tomar um café...

Assim, seus pensamentos foram longe... então sentiu mãos macias tocando seu braço e ouviu uma voz grossa falando: Vera Lúcia, posso tomar café, um café com você?

Respondeu assustada... Você é quem sabe!

Quando terminaram, ele pagou, saíram da padaria, em seguida a abraçou e lhe disse:

Sou um egoísta, orgulhoso, pensando que tudo posso, nada preciso, nada tem valor, sou muito mais que você, além de egoísta, não percebi que tinha tudo para um homem ser feliz e estava simplesmente desfazendo de você, me sentindo mal... um nada, isso não é papel de um homem!

Mesmo com seu psicológico fragilizado, problemas emocionais, deveria estar lhe ajudando, nas suas carências, necessidades emocionais e físicas. Ignorei você mais de mil vezes, ali, só eu existia, poderia ter dado várias oportunidades para você e NEGUEI TODAS. Minha Santa Linda se não for, me desperte desse sonho, ainda existem possibilidades... a vida continua sendo dinâmica, enquanto houver AMOR, haverá sempre esperança.

Versos livres

Conhecer você foi abraçar a esperança,
Sonhar coisas sempre lindas...
Renovar o desejo adormecido...
Fazer acontecer... nas manhãs
Uma Nova Vida... chegando....
Na certeza que já não estamos Sós,
Nesse momento de Realizações...
Abraçam-se, se Completam ao Anoitecer
        MAIS UM DESEJO REALIZADO

Versos perdidos

Renovação, novos desejos.
Nos braços de quem se ama
Nos momentos de quem se ama

Você decide,
Se hoje é apenas um dia
Ou, será o dia em que,
Ou muitas coisas, possam mudar, Ame
Caminhe...Viva...

Não será fácil,
Mas valerá a pena,
Você é o melhor projeto,
da sua Vida

Continue, não importam os espinhos
Sempre haverá flores...
Ao longo do Caminho

Nada será em vão,
Às vezes a vida é dura
Mas tem muita coisa, pra agradecer
Nessa misteriosa jornada

Então, sorria e sei que foi
O Senhor Deus de Amor

Quem lhe reservou esse dia
E os demais que virão de alegrias,

Comemore então, que Deus
E seus pais que lhe deram,
Sentir a beleza da Natureza,
Animais dessa loucura de Felicidade
Chamada VIDA

Fragmentos de Ilusões

Versos sem rimas...

FRAGMENTOS VAZIOS

Encontro vazios na Esperança
Da boca que se cala...
Encontros perdidos na alma
Do poeta que chora...

Reencontros. Saudades
Perdidas de momentos
Encontro lábios
Adormecido na espera

Momentos de Deus
Abraçam... Aliviam
Lágrimas... salgadas
Na fantasia que adormece

Olhos que não se olham
Beijos que não se tocam
Abraços que não se envolvem
Desejos esquecidos, na alma de um pensar

Desperta na certeza de ficar
Olhos que se olham no perdão...
Abraços que se entrelaçam... no desejo
Sonhos de reencontros da boca, que fala

Vozes

Palavras escritas descuidadas.
Como estas... agora.
Palavras que invadem seu ser,
Como perfume de frutas na cesta
Palavras que desejamos sentir,
Na emoção, satisfaz sentidos...
Provoca o Corpo,
Como fogo que queima a Alma
Tantas voltas para chegar ao eterno querer,
O mensageiro da voz transforma a palavra escrita,
Na palavra falada que Provoca, Encanta... mexe com a gente...
Você é forte, transmite Paixão,
Sua boca, voz que enlouquece
Nos leva num oceano de alegrias,
Transforma emoções em Fantasias...

"Não importa só a razão, a emoção é necessária
para mover o coração e a alma que nos encanta."
(Vera Lúcia Dias)